AF253500

DESCENDANTS DES PÉPINS

DESCENDANTS DES PÉPINS

QUI ACCOMPAGNÈRENT EN BRETAGNE L'EMPEREUR CHARLEMAGNE.

Nous avons plusieurs fois rencontré, dans la presqu'île de Guérande, le nom de l'illustre famille Papin de Quilfistre, de la Thévinière, de Malestroit, etc. Cette famille a eu des fonctions très-importantes en Bretagne. Nous allons réunir ici ce que nous savons à son sujet.

Nous en avons parlé surtout à l'occasion d'un don fait par le roi Louis XVI à Mme de Gaigneron-Jollimon de Marolles, pour reconnaître les bons offices de cette créole pendant que les Anglais, vers l'année 1778, faisaient leurs efforts pour enlever à la France ses colonies des Indes occidentales.

Le trésor de la Martinique étant épuisé, le gouverneur, le marquis de Bouillé du Chariol, se présenta sur l'habi-

1873

tation grand'case Jollimon, et dit à Mme de Marolles, née Angélique Papin : « Chère cousine, j'ai besoin d'argent pour continuer la guerre : pouvez-vous faire des avances à Sa Majesté ? »

La propriétaire répondit qu'elle mettait tout son avoir à la disposition du gouvernement ; qu'elle avait devant elle le produit de deux années de récoltes ; qu'elle allait faire compter.

Mme de Marolles possédait, au Lamentin, où elle séjournait, quatre habitations, qui produisaient annuellement de six à sept cent mille francs. Elle était grande et généreuse ; journellement les pauvres s'apercevaient de ses bons offices.

Elle avait fait établir une prise d'eau sur la rivière Lézarde, et ces eaux, dirigées sur ses propriétés, en faisaient mouvoir les moulins qui broyaient les cannes. Lors de la construction de l'église Saint-Laurent du Lamentin, elle y avait pris une grande part, la couverture notamment avait été établie à ses frais.

Elle avait plusieurs maisons au bourg : l'une servait pour déposer ses sucres avant leur embarquement ; dans l'autre elle attendait l'heure des offices. La grande dame jouissait de la plus haute considération. Elle avait à l'église un banc d'honneur, et une porte d'entrée privative avait été ouverte pour lui permettre d'y arriver sans traverser et déranger les fidèles.

On vient de découvrir une inscription tumulaire sous le banc de Mme Gaigneron ; c'est celle de messire de Bence de Sainte-Catherine, originaire de Normandie, qui avait épousé Marie-Rose, huitième enfant de Mme de Marolles. Nous nous plaisons à mentionner ici le nom de la famille de Bence ; car c'est elle qui nous a présenté à l'honorable famille dans laquelle nous sommes entré.

DONEC CORPUS INDUAT IMMORTALITATEM
· HIC JACET
FRANCIS. NIC. BENCE DE SAINTE-CATHERINE
REGIS IN SUPREMA CURIA CONSILIARIUS ;
FIDEM ASSERENS FACTIS, DICTIS VINDICANS,
VIR RELIGIOSUS ;
PIETATIS INGENUITATE, SERMONIS COMITATE
PROBITATIS CANDORE
VIR COMMENDABILIS ;
LEGUM PERITIA, JURIS DOCTRINA
VIR INCLITUS ;
INDOLE, MORIBUS ET HABITU
VIR SIMPLEX ;
MULIERIS FORTISSIMÆ EXQUISITO AFFECTU
AMANS ET CONJUX
LIBERORUM QUOS VIRTUTUM IMBUIT SUCCO
PARENS OPTIMUS ;
CIVIUM QUIBUS ADFUIT OFFICIIS ET FIDE
DECUS ET AMOR.
INFECTI AERIS HAUSTU
OBIIT,
FLEBILIS OMNIBUS
PUBLICÆ REI VICTIMA
DIE Iᵃ DEC. ANNO RESTAURATÆ SALUTIS 1773.
POSUERUNT, DICARUNT D. D. GAIGNERON-JOLLIMON ET PAPIN DES BARRIÈRES
NON AMORE MINUS QUAM SANGUINE CONJUNCTI 1776.

Le lendemain de la venue du gouverneur sur l'habitation Jollimon, au matin, le commandeur partait, avec plusieurs noirs, armés de coutelas, accompagnant deux mulets, chargés de moëdes d'or, pour Fort-de-France, et fit remise au trésor de la colonie d'un million cinq cent mille livres.

Indiquons, avant de poursuivre, les branches de la famille de Gaigneron, originaire de Loches.

GAIGNERON

De la Gaudinière, de Launay, de la Grélotière, de la Louvrerie, des Roches, de la Guillotière, en France ;

A la Martinique, des Ravinières, de Morin, de Marolles,

des Mornais, des Vallons, de Jollimon, d'Autriche, des Marais, de Sainte-Rose.

Les armes sont : d'argent, au chevron d'azur, accompagné de trois têtes de coq de même, gorgées, crêtées, arrachées de gueules, avec deux licornes pour supports.

Joseph de Gaigneron-Jollimon de Marolles, né en l'année 1700, épousa, au Lamentin, en 1726, Charlotte-Angélique Papin.

De cette alliance sont nés dix enfants.

Charlotte-Angélique était veuve, lorsque le marquis de Bouillé se présenta au nom du roi pour lui faire un emprunt.

La famille Papin du Pont appartenait, par sa naissance, à un très-haut lignage, que nous ont conservé d'anciennes traditions.

Suivant elles, des sires de cette maison portant alors le nom de Pépins, parce que leurs aïeux avaient été chargés des pépinières des premiers rois francs (ouvrage de M. des Salles), accompagnèrent l'empereur Charlemagne, quand il vint en Bretagne.

Les Bretons sont, de leur nature, entêtés, mais braves. Ils tinrent en échec le grand empereur; la lutte même se prolongea longtemps. On cite, à ce propos, que l'empereur, après une chaude et rude journée contre les Bretons, s'écria : « Encore une victoire de cette sorte et je n'aurai plus d'armée ! » La lutte du pays de France contre la Bretagne se renouvela sous Louis le Débonnaire ainsi que sous Charles le Chauve. A la fin, les valeureux Bretons, commandés par un prince de leur pays, refoulèrent les Francs jusqu'aux rives du Coësnon. (Voir d'Argentré, livre II, page 105, année 841 : *Officiers établis en Bretagne par Charlemagne et Louis le Débonnaire, chassés par Nominoë.*)

C'est en ces circonstances que les Papin s'établirent au lieu dit la Thévinière, dont ils ont porté le nom, tiré du morne incliné au pied duquel était leur résidence (P. de

Courcy). Les sires de la Thévinière y ont vécu jusqu'au XVIIe siècle. Nous devons à M. Léopold de l'Isle des extraits de filiation relatifs à la famille Papin. Nous savons d'ailleurs, par Mme de Coudroy de Lauréal, descendante de ces Papin, que sa famille était alliée aux comtes de la Marche, issus des Valois.

On conserve avec raison, dans les anciennes familles, l'orgueil de la race, afin que le passé éclaire dans les circonstances difficiles de la vie. Les descendants sont fiers de leurs aïeux, et chacun se répète l'antique devise latine qui constate leur foi et leur valeur. C'est ainsi que Mme la duchesse d'Abrantès savait qu'elle descendait des empereurs de Constantinople par les Comnène; de même les Papin conservent dans leur famille le souvenir des Pépin, dont est descendu l'empereur Charlemagne.

Les Papin sont très-nombreux, Michel Cervantes de Saavedra, qui prit part au combat de Lépante, parle dans ses ouvrages des illustres chevaliers de ce nom qui furent combattre en Espagne.

Nous indiquons qu'il est à notre connaissance que l'église cathédrale de Saint-Pol-de-Léon avait de précieuses archives mentionnant les Papin d'Elcourt et les Papin de Jouy, comme ayant fait la campagne d'Italie sous le roi Charles VII. Alors, les troupes françaises étaient commandées par le lieutenant-général Regnaud du Dresnay.

Les Papin ont habité l'Anjou, l'Orléanais, la Picardie, le Hainault et la Bretagne. Nous ne nous occuperons que de cette dernière branche, qui a porté les surnoms de la Thévinière, du Pont-Callec, de Malestroit, de Kerfily, du Rocher, des Barrières, du Pont, de l'Epine, de Courcival, et dont les armoiries sont : de gueules à cinq fusées d'or. Depuis l'alliance de cette famille avec les Pont-Callec, les armoiries des Papin avaient été écartelées de l'écusson de cette maison.

Nous avons consulté le *Nobiliaire* de P. de Courcy, relativement à la famille de la Marche. Nous trouvons ces seigneurs établis au Montortou, paroisse de Ros-sur-Coësnon, évêché de Dol, ayant dans leurs fiefs celui de la Thévinière : ainsi s'explique l'alliance déjà mentionnée par les traditions entre ces familles. Un sire de la Marche figure comme témoin dans une donation faite par Henri de Fougères, en 1142, à l'abbaye de Savigné. Un autre brille au siége de Dol, attaqué par le roi d'Angleterre (1173). La résidence de ces seigneurs était au Montortou, à petite distance de la mer. Leurs armoiries étaient : d'azur à six besants d'or, posés 3, 2, 1, au filet de gueules brochant sur le tout. Les filets, dans les armoiries, se rencontrent peu souvent. Nous n'en connaissons qu'un seul placé sur l'écusson breton des comtes de Broërec. Il semble que nous pouvons en inférer que les sires de la Marche avaient une mission sur la côte, une surveillance à exercer sur les pêcheurs, des redevances à recevoir. Nous pensons, les voyant combattre sous les murs de Dol, qu'ils étaient les vidames de l'archevêché, et qu'ils étendaient leurs fonctions sur l'île de Jersey et d'autres îles voisines soumises pour le temporel à l'administrateur de l'évêché. Les Papin concouraient, avec les la Marche, à la garde des côtes, à la rentrée de redevances. La couleur de leur écusson, d'azur, était celle des rois de France. Les six besants qui figurent sur leur écusson, expriment les dépenses faites pour se rendre à la conquête des Saints-Lieux.

Les sires de la Marche portaient, en raison de leur origine, le titre de comte.

En 1419, lorsque le duc Jean V se rendit à Rouen, le comte de La Marche fit conduire à Caen un haubergeon avec une magnifique haquenée accompagnée de son palefrenier (Newman), et rendit ainsi un gracieux hommage au souverain de la Bretagne.

Nous retrouvons dans une note datée du 6 septembre

1470, l'énumération des titres de ce puissant prince. Il est nommé Jacques, duc de Nemours, comte de la Marche, de Pardyac, de Castres, de Beaufort, vicomte de Carlat, de Murat, de Saint-Florentin, seigneur de Condé, etc., pair de France.

Nous allons analyser une note provenant de la collection dite des Blancs-Manteaux, conservée à la Bibliothèque nationale ; nous la devons à l'obligeance de M. Léopold de l'Isle.

Perrot Papin de la Thévinière épousa, vers 1300, une demoiselle de Sansay. Cette famille était un ramage des comtes du Poitou et portait le titre héréditaire de vicomte ; ils ont donné un gouverneur et un évêque à la ville de Nantes ; ils étaient alliés à celles de Machecoul, de Beaumont, de Turpin-Crissé, de Montmorency et à la famille anglaise Harpe d'âne. Leur fille, Catherine, fut l'épouse du sieur Huguet de la Boucherie, connétable et gouverneur de Rennes.

Gilles Papin de la Thévinière épousa, le 26 avril 1437, Jeanne de Bazouge-Lapérouse, héritière d'un assez beau domaine, voisin de la Thévinière.

Maurice Papin, seigneur de la Thévinière, épousa, le 28 octobre 1469, Jeanne de la Brunnes, fille du sire de Montlouët, paroisse de Pleine-Fougères, et de Malchapt, paroisse de Ros-sur-Coësnon.

Eon Papin, seigneur de la Thévinière, épousa, le 3 août 1492, Jeanne de la Jaille. Cette famille a en Anjou et en Bretagne une importance historique que nous nous plaisons à constater.

René Papin, seigneur de la Thévinière, épousa, le 16 décembre 1522, Anne de Malestroit, fille de Jean de Malestroit, seigneur du Pont-Callec.

Jean Papin, seigneur de la Thévinière, épousa, le 9 janvier 1570, Marie de Brignac.

Josias Papin de la Thévinière, baron du Pont-Callec,

épousa, le 17 juin 1607, Catherine de Longueval, laquelle se remaria, en 1610, à Jean de Beaumanoir, sans descendance.

Marie Papin, sœur de Josias, épousa, le 30 avril 1598, Charles de Guer, seigneur de la Porte-Neuve, du Pont-Callec, de la Thévinière, dont est né :

Olivier de Guer, seigneur de la Porte-Neuve, du Pont-Callec, de la Thévinière, etc., qui épousa Jeanne de Kermeno.

Alain de Guer, marquis de Pont-Callec, épousa, en 1649, la fille aînée de Jean de Lannion.

La fortune des Papin, qui était considérable, passa aux de Guer par l'alliance de Marie Papin.

Jean Papin du Pont-Callec, sans fortune, séduit par les propositions du très-honorable chevalier d'Esnambuc, consentit, en 1635, à l'accompagner dans les colonies des Indes occidentales, vers lesquelles se portaient alors tous les regards. Elevé sur les rivages de la mer, luttant souvent avec elle, tour à tour écuyer ou pêcheur, il convenait beaucoup pour la vie aventureuse d'un pionnier.

A son arrivée, le gouverneur la constate par l'acte suivant : « Nous, Pierre de Bélain, Escuyer sieur d'Esnambuc, capitaine entretenu de la marine et gouverneur pour le Roy en l'isle de Saint-Christophe des Indes occidentales, ce jourd'hui, 15 de septembre 1635, je suis arrivé en l'isle de la Martinique par la grâce de Dieu, accompagné d'honorable homme Jean Dupont, lieutenant de la compagnie colonelle en ladite île de Saint-Christophe, des sieurs de la Garenne, La Chesnaye, Levesque, Morin et autres en nombre, en présence desquels et du capitaine Drouain, le sieur Allard et autres de son équipage, j'ay pris pleine et entière possession de ladite Isle de la Martinique, pour et au nom du Roy, notre sire, monseigneur le cardinal de Richelieu et nos seigneurs de la colonie, et j'y ai fait planter la croix et arborer le pavillon de France, le tout pour

l'augmentation de la foy catholique, apostolique et romaine, et pour faire profit de ladite isle au Roy et à nosdits
seigneurs, suivant les commissions à nous octroyées par
Sa Majesté, et ay laissé ledit du Pont pour gouverneur et
autres pour officiers, qui y seront reconnus, selon l'ordre
que je luy ay laissé. Fait audit lieu de la Martinique, l'an
et jour que dessus. Signé à l'original : Bélain, Louis
Drouault, du Pont, Jacob Allart, Guillaume Lefort et
Morin. »

Jean Papin du Pont, après avoir reçu du capitaine-gé-
néral l'autorité de gouverneur, inspecta l'île de la Martinique, afin d'avoir la connaissance des lieux : cette
mesure était nécessaire, car les Caraïbes étaient encore
dans l'île, et ceux-ci communiquaient à l'aide de pirogues
avec les îles voisines, et, de concert avec les Indiens des
mornes, attaquaient les colons, les troublaient dans leurs
travaux et leur enlevaient le peu de vivres dont ils pouvaient disposer.

Une fois entre autres, prévenu qu'une attaque devait
s'effectuer, le gouverneur fit préparer un fort canon et le
fit remplir de poudre, d'artifices, de clous et de balles,
puis il prescrivit à chacun de se cacher. Les Indiens arri-
vèrent avec leurs pirogues, et, ne voyant point de sen-
tinelles, prirent confiance, et bientôt s'avancèrent déban-
dés vers le canon préparé pour les recevoir. Soudain, un fil
invisible fait mouvoir une mêche à friction, le canon dé-
tonne, atteint les Caraïbes; une partie tombe victime de
son imprudence et l'autre s'enfuit pour regagner le rivage.
Cette leçon porta ses fruits, car la colonie en fut liberée
pendant plus de six mois.

Jean Papin du Pont, fils du précédent, né en Bretagne, en
1626, vint rejoindre son père à la Martinique. Il commandait
les milices coloniales, lorsqu'il épousa, en 1658, Marie d'O-
range, âgée de dix-sept ans, fille du stathouder Guillaume
d'Orange, catholique fervent, qui avait épousé Madeleine

Huguet. Chassé par les calvinistes d'Angleterre, il vint en France avec sa famille, puis partit pour la Martinique, où il séjourna jusqu'en 1650, époque de sa mort. Il laissa plusieurs enfants, parmi lesquels était Marie d'Orange, charmante fille aux cheveux d'or.

La famille Huguet est ancienne et française. Ses armoiries sont : d'azur à quatre burelles d'or accompagnées de huit besants de même. C'était la seconde fois que cette famille s'alliait avec les Papins; car déjà la fille de Perrot Papin de la Thévinière avait épousé le connétable et gouverneur de Rennes, le sire Huguet de la Bouscherie.

Nous avons, en 1845, parcouru les côtes de la Martinique avec une goëlette du service local. Un soir que le vent et le courant empêchaient le navire, portant un appareil de bouilleur pour une puissante machine à vapeur, de continuer son trajet, nous prîmes le parti de mouiller un peu au vent du Macouba et de descendre à terre pour reconnaître la côte, dont une partie, fort élevée, semble surplomber la mer. Tout en y promenant, nous y avons observé des lieux fréquentés jadis par ce Guillaume d'Orange, ancien stathouder, auquel le cardinal de Richelieu, avait donné le titre d'Excellence. Nous vîmes des restes de gradins que le prince exilé avait lui-même taillés en ces lieux solitaires, afin de descendre la falaise et parvenir au rivage.

Il convient que nous nous arrêtions, à l'occasion du mariage de Jean Papin du Pont.

Les malheurs qui accablaient la maison d'Orange par suite de la rigidité des croyances de Guillaume, chef de cette famille, enflammèrent ce gentilhomme qui, dans la noblesse de son cœur, conçut, avec l'aide de Dieu, la pensée de rendre à Marie d'Orange la fortune de ses aïeux. En effet, nous voyons l'arrière-petite-fille de ce prince, dont les mœurs n'avaient pu s'allier avec celles de la cour du roi Louis XIV, et qui s'était rendu pour ainsi dire en exil à la Martinique, parvint à s'y créer une position de fortune telle, qu'elle était en mesure de prêter au roi Louis XVI plus d'un million en espèces. Inutile d'ajouter que Marie d'Orange était une charmante personne.

On sait que l'Angleterre catholique conserve encore précieusement le souvenir de ce Guillaume II d'Orange, et les monarchistes restés fidèles à sa cause sont toujours appelés Tories.

Louis Papin du Pont, chevalier de Saint-Louis, né des précédents, en 1661, épousa Marie du Val, d'une famille de Normandie, qui avait les surnoms de du Val du Lys, du Val Sainte-Claire, du Val de Grénonville, et dont les armoiries sont : de gueules à la bande d'argent. Simon du Val, frère de Marie, était capitaine de milices.

De cette alliance est née Charlotte-Angélique Papin, née en 1709, laquelle épousa Joseph Gaigneron de Marolles. Le mariage fut célébré au Lamentin, sur l'habitation grand'case Jollimon.

Depuis l'arrivée du premier Jean Papin du Pont jusqu'à l'époque de l'alliance de sa descendance avec les de Gaigneron, il s'était écoulé quatre-vingt-un ans. Pendant ce temps, les générations s'étaient multipliées : Joseph Gaigneron de Marolles avait huit frères et sœurs; Charlotte-Angélique Papin du Pont avait sept frères et sœurs; aussi les époux de Marolles-Papin eurent de suite une parenté nombreuse.

Elie Papin, de la compagnie du sieur Poyer, habitait à Saint-Christophe; Gabriel Papin faisait partie de la compagnie du sieur Lafont; Etienne Papin habitait Saint-Pierre, ville de la Martinique. Une des branches des Papin, qui fut habiter la Guadeloupe, prit le nom de la Thévinière, porté si longtemps par ses aïeux.

Les années se succédèrent, les générations des Papin de la Thévinière se suivirent à la Martinique et à la Guadeloupe; mais il était nécessaire que les colons nobles fissent enregistrer leurs titres au conseil souverain. Les impétrants cherchèrent dans les colonies, mais tous les actes étaient muets. Les traditions ne pouvaient suffire, bien qu'il soit écrit : *Ubi traditio est, nihil aliud est quærendum.*

Les Papin étaient partis de France avec le bagage ordinaire des gentilshommes portant leurs éperons et leur épée. Le savoir littéraire était souvent borné ; mais ils étaient audacieux et braves jusqu'à la témérité. Le conseil souverain avait des ordres précis : il fallait faire preuve de noblesse, avec pièces à l'appui, bien qu'il fût établi que leur aïeul avait été nommé gouverneur de la Martinique sous l'illustre capitaine général d'Esnambuc. C'est alors qu'un membre de la famille écrivit au comte de Malestroit, marquis du Pont-Callec, afin d'arriver à constater l'origine de leur famille et de la faire enregistrer, suivant les prescriptions coloniales.

23 avril 1773. — « Excusez-moi, s'il vous plaît, Monsieur, si ma réponse se trouve aussi tardive à la lettre que vous m'avez fait l'honneur de m'écrire de Brest. Je m'écarte peu de la stricte régularité en correspondance ; mais j'ai tant d'embarras et d'affaires à conduire seul, depuis quatre ans révolus que j'ai perdu ma mère et donné ma démission, que mes amis mêmes savent bien qu'il ne faut pas toujours trop compter avec moi. Je reviens, Monsieur, à l'objet de la lettre très-instructive que vous m'écrivez et dont j'ai à vous remercier en particulier, puisqu'elle m'apprend que j'ai encore d'aimables parents à connaître à l'autre bout de l'hémisphère, et d'une tige que je croyais, je l'avoue, sans nul rejeton et totalement anéantie. Soyez persuadé, s'il vous plaît, Monsieur, du plaisir et de l'honneur que je me ferai de reconnaître les personnes dont vous me parlez si avantageusement, et même d'entrer en liaison particulière avec elles, dès qu'elles voudront repasser en France. Vous

pouvez les en assurer ou même leur communiquer cette
lettre.

» Je ne suis plus que pour un mois ou deux en Bretagne
et je suis contraint de retourner chez moy, à Paris, qui est
ma demeure habituelle depuis la paix, hormis trois ou
quatre mois par année, que je viens passer dans mes terres.
Je vais donc, Monsieur, d'icy le moment de mon départ,
quoique surchargé d'occupations, me livrer avec un véritable empressement à la recherche que ces messieurs dé-
sirent conjointement avec vous. Ils peuvent être assurés
de tous mes soins. Je crains seulement que les malheurs
compliqués et de divers genres, arrivés à ma maison depuis l'espace d'un siècle, et que vous n'ignorez pas, ne
rendent cette besogne aussi pénible que de longue haleine;
en voici les raisons. Sur la fin tragique de la dernière Régence du royaume (en 1721), pour mettre le comble à un
précédent malheur, il descendit, sur des ordres supérieurs,
une commission au château du Pont-Calleck, pour se res-
saisir de tous les papiers et titres qui pouvaient y rester
de la ligue d'Espagne. Cette recherche fut faite, m'a-t-on
dit, avec la plus grande sévérité, et dans cette opération,
qui ne pouvait être que d'une nature fort sévère, ainsi
qu'elles le sont toutes, on enleva, sans égards ni ménage-
ments, presque sans examen même, des caissons entiers
et des malles remplies seulement de titres privatifs et par-
ticuliers à la maison de Guer, Malestroit, Pont-Calleck.
Les matériaux de cette capture furent incontinent portés
et déposés au château de Nantes, et de là, quelque temps
après, expédiés à Paris, d'où, depuis cette époque, nous
n'avons pu retirer que des lambeaux, souvent de simples
notes, présentées sans garanties sur du papier commun.
Vous voyez, Monsieur, que moy-même je me trouve dans
le plus grand embarras, n'ayant pas eu, à la vérité, jusqu'ici le temps de solliciter et obtenir un ordre général du
Roy, pour me faire remettre la totalité de ces papiers et

titres, et précisément, ce que j'oubliais d'observer, la généalogie entière de la maison de Papin (que je reconnais certes
pour être fort ancienne et illustre), ainsi que toutes les
affaires qui lui sont relatives, y sont englobées. Je ne puis
m'engager à rien de positif envers ces messieurs Améri-
cains-Français (que je désire sincèrement connaître), que
je n'aie été nanti et ressaisi moi-même de toutes les malles
et caissons d'archives enlevées du château du Pont-Calleck,
en 1721, par ordre supérieur du duc d'Orléans, alors ré-
gent de France. Je vais m'occuper très-sérieusement d'obtenir cette grâce et cette justice de la part de Sa Majesté,
et sitôt qu'on y aura fait droit et que j'aurai recouvré cet
ensemble de matériaux et de débris, outre que je ferai
sur-le-champ la recherche scrupuleuse de tout ce qui con-
cerne la maison Papin, j'en donnerai encore avis, à vous,
Monsieur, et à MM. Papin de la Martinique.

» Veuillez bien ne pas douter, Monsieur, en particulier,
des sentiments respectueux du dévouement parfait dans
lequel j'ai l'honneur d'être, Monsieur, votre très-humble
et très-obéissant serviteur.

Signé : « Le comte de Malestroit du Pont-Calleck,
officier supérieur de cavalerie et de dragons, cy devant
chef de brigade des gendarmes d'ordonnance de Monseigneur le Dauphin.

» Aujourd'hui, mon adresse, en tout tems, n'importe où
je suis, est toujours parfaitement sûre à Hennebond, en
mon hôtel, ou en mon château du Pont-Calleck.

» Réponse provisoire à votre note.

» Le fils en question de Marie Papin était précisément
le père du grand-père de mon grand-père propre. Je viens
de le vérifier à l'instant. Il est vrai que c'est l'héritière
Jeanne de Kermeno qui se trouve immédiatement sur ma
généalogie après Marie Papin, et je les reconnais toutes
deux pour mes grand-mères. Je me rappelle très-bien,
quoique je n'aie pas en ce moment mes titres généalogiques
sous les yeux, que vers le commencement du XVIe siècle,

est entrée dans notre maison l'héritière générale des Papin d'Anjou, maison très-distinguée en effet et reconnue généralement pour telle, et l'héritière en question était par parenthèse fort riche : elle nous apporta plus de 66,000 francs de rentes en fonds de terre seul, ce qui était prodigieux en ce temps-là. J'ai encore dans mon portefeuille le détail de tous les grands biens, mais qui ont été dissipés ou vendus depuis cette époque. Voilà les faits que j'affirmerai sans difficulté, Monsieur, quand il le faudra, pour l'honneur et la tranquillité de MM. Papin d'Amérique, et je dois par devoir cet hommage à la vérité, en attendant que je puisse leur fournir la série entière de leurs titres, qui, sans doute, justifieront qu'ils sont en effet de la même maison que cette héritière, qui était ma trisaïeule ou quatrisaïeule.

» Je vous prie, Monsieur, par votre première, de vouloir bien me donner l'adresse de ces messieurs et le lieu qu'ils habitent en l'île de la Martinique, l'indication du port par lequel je dois écrire; s'il faut affranchir. Je désire connaître les noms de baptême et l'âge de ces messieurs; connaître s'ils sont mariés, quels sont les titres et qualités qu'ils prennent de pères en fils, depuis leur émigration en ce pays d'outre-mer? Je serai infiniment sensible à cette attention.

» Signé : Comte Malestroit du Pont-Calleck. »

Cette lettre démontre que les Papin de la Thévinière, appelés Papin d'Amérique, et ceux descendant de Jean Papin du Pont, sont bien de la famille de dame Marie Papin, dénommée dans cette lettre, laquelle porta à la famille de Guer les terres et titres du marquisat du Pont-Callec et du comté de Malestroit.

Nous ne pouvons écrire ce nom sans éprouver un sentiment de tristesse, en songeant aux malheurs qui sont venus atteindre si souvent les membres de cette famille. Jeoffroy de Malestroit, capitaine d'Auray, et son fils, qui avaient servi avec la plus grande valeur la cause du duc de Montfort, furent traîtreusement appelés à Paris, sous le prétexte d'un tournoi, en l'année 1344, sous Philippe de Valois, et, mis en prison, furent bientôt décapités, à cause de leur fidélité au parti du duc de Bretagne. Les souverains Jean III, Jean IV et Jean V se plurent à déverser leurs faveurs sur une famille si éprouvée pour son attachement à ses princes; mais lorsque François Ier vint à Nantes, il fit faire le siége du château d'Oudon, résidence de ces seigneurs, et fit décapiter sur les ponts de Nantes les trois frères de Malestroit, sous la raison qu'ils répandaient de la fausse monnaie. Les de Malestroit étaient riches; leurs biens furent confisqués.

Toutefois, la noblesse bretonne protesta, autant qu'elle le put, contre de pareilles mesures. Les exécuteurs eurent la barbarie de faire placer les enfants sous l'échafaud de leur père, afin qu'ils se mémorassent davantage cet œuvre sanguinaire. Le duc de Rohan appela comme page Pierre Ermard de Lieuzel, fils aîné des Malestroit. Ce jeune homme, élevé près de la princesse Jeanne, l'épousa en 1536. Leur petit-fils, Jean Ermard, seigneur de Lieuzel, s'allia, en 1646, avec Mathurine Nicolazo de la Grée; de ce mariage est née Catherine Ermard de Lieuzel, qui épouse, le 8 février 1675, N. du Bouëtiez, seigneur de Kerorguen, de Kerlan, de Quellenec, dont le fils, entré dans l'ordre de Malte, est décédé commandeur.

Nous achevons la liste des sires de Malestroit exécutés à Nantes. Le dernier sortait des pages du roi Louis XIV. Il avait connu à la cour la duchesse du Maine. Celle-ci usa de son crédit pour attacher le jeune Clément de Guer, comte de Malestroit, marquis du Pont-Callec, à sa cause. Il s'agissait d'enlever, pendant la minorité du roi Louis XV, la régence des mains du duc d'Orléans pour la confier au roi d'Espagne. Le complot fut découvert. Par suite, quatre gentilshommes furent exécutés (¹). Les malheureux, qui périrent à la lueur des torches, à neuf heures du soir, peu après leur condamnation, sont très-connus; nous n'en parlons qu'à cause du jeune du Pont-Callec, et nous terminons par une complainte naïve, qui reflète l'effet que produisit la mort de ce gentilhomme. Dans son pays, le peuple réforma le jugement de la chambre royale, en honorant comme martyrs ceux qu'elle avait envoyés à la mort. Une touchante élégie bretonne, publiée par M. de Villemarqué, témoigne de la sympathie qu'excita dans les campagnes la fin tragique de Pont-Calleck :

Quand il arriva à Nantes, il fut jugé et condamné, — condamné non par ses pairs, mais par des gens tombés de derrière les carosses.

Ils demandèrent à Pont-Callec : — « Seigneur marquis, qu'avez-vous fait? — Mon devoir, faites votre métier. »

Il est mort, chers pauvres, celui qui vous nourrissait, — qui vous vêtissait, qui vous soutenait; — il est mort celui qui vous aimait, habitants de Berné, — celui qui aimait son pays et qui l'a aimé — jusqu'à mourir.

Il est mort à vingt-deux ans, — comme meurent les martyrs et les saints; — que Dieu ait pitié de son âme! — Le seigneur est mort.... ma voix s'éteint... — Toi qui l'as trahi, sois maudit, sois maudit. — Toi qui l'as trahi, sois maudit !

Mais revenons à la Martinique, où séjourne, sur l'habitation Jollimon, Mme de Gaigneron de Marolles. Le gouverneur avait rendu compte à Sa Majesté du secours qu'il avait trouvé dans la colonie et mentionna que Mme de Marolles s'était refusée à accepter l'intérêt des fonds avancés au gouvernement pendant plus d'une année. Alors le souverain commanda à un artiste de renom, appelé Gourieult, une pendule de haute valeur; et quand elle fut coulée en bronze, il voulut que la matrice en fût brisée, afin que Mme de Marolles pût seule la posséder.

Cette pendule a figuré à l'exposition nantaise de 1872.

____

(¹) Les sires décapités avec le marquis du Pont-Calleck furent : Le Moine de Talhouët le chevalier du Couëdic, de Keïrgoaler; de Mont-Louis, de Placzcaër.

Un artiste de Nantes, du nom de Toulmouche, sur la demande de M. Léon de Marolles a été autorisé à portraire la pendule. Le tableau représente une femme élégante assise devant un foyer. Sur la cheminée est une glace qui reflète le don royal, vu de deux côtés. Cette œuvre, d'une très-belle exécution, a été vendue à un négociant de Paris pour la somme de cinquante mille francs. Le sujet représente le Temps appuyé sur un globe étoilé ; à son milieu sont deux cercles avec diverses ouvertures indiquant, ici les heures, là les minutes. Auprès, entre les Arts et les Sciences, près des fleurs et des fruits, le Temps semble oublier que sa faulx est levée. Un amour armé d'une flèche l'élève et marque avec elle successivement les heures qui s'écoulent, hélas ! trop tôt, quand ce sont celles du bonheur.

Nous avons rappelé ici quelques faits qui consacrent le souvenir d'une très-ancienne famille. Puissent ces lignes conserver ces traditions. Nous enregistrons encore que les Papin étaient, ainsi que les Boyvin, arrivés avec le premier pionnier d'Esnambuc ; que ces familles étaient alliées. Les Boyvin avaient commandé à Sainte-Lucie.

Les Papin de la Martinique ont aujourd'hui leur résidence au vent de l'île, à Sainte-Marie.

Le dernier de la ligne masculine en France, habite Tours, où il a fondé l'Adoration nocturne du très-saint Sacrement. Fervent catholique, comme son aïeul Guillaume d'Orange, d'une extrême modestie, il est peu soucieux de l'illustration de sa race.

Les descendants de Mme Gaigneron de Marolles, née Charlotte-Angélique Papin de la Thévinière, sont nombreux et habitent généralement la France.

Nous donnons en tête de ces pages l'écusson de cette famille, supporté par deux licornes, et surmonté de la couronne de comte.

Nous n'hésitons pas, pour faire connaître la famille

dont nous nous occupons, à extraire du *Moniteur* du 20 août 1825, folio 1188, une notice nécrologique sur le général Elie Papin. Nous ne savons comment le rattacher à cet Elie Papin de la compagnie du sieur Poyer, à la Martinique : s'il n'en est le descendant, il y tient par des liens rapprochés ; on le reconnaîtra facilement à la dignité de sa conduite, à son héroïsme en toute circonstance.

Je viens d'apprendre la mort de M. Élie Papin, maréchal de camp, commandant la 7ᵉ division militaire à Agen. Uni par une longue amitié avec cet homme estimable à tant de titres, permettez que dans le premier abandon d'une douleur qui a besoin de s'épancher, j'emploie la voie de votre journal pour consacrer quelques lignes à sa mémoire.

Colon d'origine, fils d'un négociant de Bordeaux, dont la maison jouissait d'une estime générale, Papin fut arraché en 1793 à son commerce par la loi de la réquisition, et jeté sur les champs de l'armée des Pyrénées. Il ne tarda pas à s'y faire remarquer parmi les talents militaires que vit naître ou grandir, de ce côté de nos frontières, notre lutte avec l'Espagne. Dans un grand nombre d'actions honorables à nos drapeaux, Papin se montra à l'égal de ses compagnons d'armes les plus distingués, tels que Pérignon, Willot, Lasnes, Doppet, Dagobert et Augereau. C'est avec ce dernier que sur les revers de la montagne Noire, il enleva à la baïonnette, contre des troupes supérieures en nombre, les retranchements de l'ennemi, et fit de sa propre main un général prisonnier ; ce qui lui valut sur le champ de bataille sa nomination au grade de général de brigade. Doué d'une constitution saine et robuste, d'un physique agréable, d'une adresse singulière dans les exercices du corps, d'une rare sûreté de coup d'œil militaire, et de ces inspirations soudaines sans lesquelles il n'est pas de véritable homme de guerre, Papin voyait s'ouvrir devant lui une route facile et glorieuse vers les premières dignités de l'armée, et les illustrations politiques qui, d'ordinaire, en sont la suite. La haute fortune de la plupart de ses camarades en fait foi. Cependant, dégoûté bientôt, non du métier des armes, pour lequel il se sentait un noble entraînement, mais du service de la Révolution, dont les principes et les excès lui causaient une horreur invincible, Papin abdiqua sans regret son brillant avenir. Il quitte l'armée, où il ne laisse que des admirateurs et des amis, et vient reprendre, vers 1796, à Bordeaux, les opérations de son commerce. Avec exactitude, et sans affectation, il s'acquitte, comme citoyen, de tous ses devoirs, qui ne sont pas incompatibles avec ses principes, et fait comme fusilier, son service de garde national, dans la compagnie de sa section.

La lutte était alors ouverte entre la république qui s'en allait, et la monarchie qui faisait effort pour revenir. Les partis politiques étaient en présence. Tous admiraient les talents militaires de Papin, tous rendaient justice à sa belle conduite, chacun travaillait à le gagner. S. M. Louis XVIII, à qui, pour le dire en passant, le personnel des armes de la république était mieux connu peut-être, que de ceux-là mêmes qui les faisaient mouvoir, voulut en faire sa conquête. De Mittaw, partit l'ordre de prendre de derniers renseignements. Le général Willot, consulté, répondit : « Si Papin donne une fois sa parole fiez-vous à lui, c'est l'honneur en personne. » Papin ne tarda pas à recevoir du Roi, par l'intermédiaire d'un de ses visiteurs-généraux, l'infatigable M. Dupont-Constant, le brevet royal confirmatif de son grade de maréchal de camp, et des pouvoirs militaires de commandant en chef de la Guienne, où commençait dès lors à se former une armée centrale, destinée à servir de point de communication entre les forces royales du Midi et les mouvements de la Vendée.

Papin jura foi et dévouement à son Roi. Jamais serment ne fut mieux gardé. En moins de deux ans, à travers mille obstacles, et malgré la surveillance inquiète des autorités locales, les emprisonnements, les déportations, les fusillades, et tout le système de persécution que le Directoire faisait peser sur la France, le général Papin, secondé par des collaborateurs dignes de lui, acheva sur le sol de Bordeaux et de ses dépendances, une organisation militaire de six mille hommes de toutes armes. Contrôle, équipement, inspection, revues, discipline, rien ne manquait à ce précieux noyau de restauration victorieuse et française, sur lequel devait pivoter les opérations royalistes du Midi et de l'Ouest de la France, au premier signal donné d'en haut. Le signal ne vint pas ; ce n'est que quinze ans plus tard, que des cadres non brisés de cette même organisation, est sortie la troupe moins nombreuse, mais fidèle, qui a ouvert les portes au duc d'Angoulême.

Cependant Bonaparte était revenu d'Égypte. Il y eut, on s'en souvient, une sorte d'entraînement vers lui. Bonaparte voulut gagner Papin, qui, par une erreur commune aux royalistes et à tous les hommes sensés, crut voir en lui le Monck des Bourbons. L'illusion dura peu. Papin recula, et par la main de son ministre Fouché, Bonaparte l'inscrivit au livre des victimes. Par jugement du mois de frimaire an 14 (décembre 1806), une commission militaire convoquée à Nantes (on n'osa pas la réunir à Bordeaux), condamna à la peine de mort le général Papin, comme coupable de conspiration contre l'État, ainsi que contre la personne et le gouvernement de l'empereur. Averti à temps, le malheureux Papin s'arrache aux embrassements de sa femme et de cinq enfants, tous en bas âge. Il se cache à fond de cale d'un bâtiment faisant voile pour l'Amérique et il aborde à Tabago. Là, sans argent, sans connaissances personnelles, sans recommandations directes, mais soutenu par son seul courage, et favorisé par la bonne renommée de sa maison de commerce, dans les Antilles, il se livre aux opérations du cabotage. Bientôt il se crée une nouvelle fortune ; chaque jour il en arrose de ses larmes les rapides accroissements, n'osant espérer de les rapporter un jour à sa famille, dont un décret de mort le sépare à jamais. Enfin, après huit ans, retentit aux rivages d'Amérique la nouvelle du retour des Bourbons. Sacrifiant sur-le-champ d'immenses intérêts, Papin s'embarque pour l'Europe ; il

met sur le même vaisseau sa personne et sa fortune. Le vaisseau périt et
le jette, lui douxième, sur un roc stérile et désert, au milieu de l'Océan. La
main percée de part enpart par un clou, en voulant saisir un débris du navire,
il voit dès le lendemain, faute d'objets de pansements, sa plaie s'envenimer,
et menacer de la gangrène. De sa main gauche il saisit un mauvais couteau
rouillé qu'il trouve sur la plage, et se fait lui même, en sciant, l'amputation
du pouce. Cependant cinq jours se sont écoulés, on n'a plus de vivres, la
faim, atroce conseillère, fait fermenter dans les esprits les plus noires idées.
Un parti terrible va être pris. Une voile paraît à l'horizon : on fait des signaux, ils sont entendus, et un brave capitaine marchand accueille à son bord
la mourante colonie, qu'il transporte à Londres. Les douleurs intolérables de sa
plaie se taisent pour Papin devant le besoin de revoir la France. Il l'a
revue, il est à Paris. Son mal redouble et pendant un mois on croit l'amputation d'un bras inévitable. Il guérit sans y avoir recours.

Il se souvient alors que, maréchal de camp, nommé par le roi, et investi
par lui du commandement en chef de l'armée royaliste de la Guienne, il a
subi à raison même de ses services, une condamnation à mort, par Bonaparte, pour avoir conspiré contre sa personne et son gouvernement. Riche
de son dévouement, de ses longs malheurs, et surtout de ce brevet de mort,
gagné sous l'usurpateur en servant les Bourbons, le général Papin se présente avec confiance pour reprendre son service en vertu de son grade.
Mais sa demande est repoussée, et l'on en motive le refus sur ce même jugement. C'est en vain qu'il réclame : on l'oblige à subir la révision de son
procès.

Il était présent à cette seconde audience. Modeste jusqu'à la timidité, quand
il s'agissait de parler de lui, le général Papin ne peut cependant se conte-
nir ; avec l'accent d'une noble et généreuse indignation, il s'écrie : « Je
» manquerais, Messieurs, à l'honneur ; je manquerais aux braves que
» j'ai commandés, si je n'exprimais ma surprise de ce qu'on ne veut pas
» faire disparaître des motifs de l'ancien jugement, l'inculpation inepte et
» odieuse qui me montrerait comme ayant agi contre mon pays dans l'inté-
» rêt de l'étranger. Je suis Français, tous ceux à qui j'ai eu l'honneur de
» commander sont Français comme moi. C'est du Roi que j'ai reçu le com-
» mandement. Je n'ai reçu d'impulsion, je n'ai reçu d'ordre que du Roi. Je
» me suis toujours montré digne de ceux qui, sous mes ordres, se sont dé-
» voués à sa cause, sans calcul, sans intérêt, sans autres motifs que notre
» amour pour le pays, et notre attachement à ses maîtres légitimes; ce n'est
» donc que comme soldat dévoué au Roi et à sa cause que j'ai pu être con-
» damné par Bonaparte, et que je dois être réhabilité par les Bour-
» bons. »

Ce langage fut entendu des braves qui composaient le conseil. Grâce à cet
instinct de notre loyauté, qui parle toujours au cœur des officiers français, et
cette absolution, donnée à un serviteur fidèle, pour avoir été condamné à
mort en servant son Roi contre un usurpateur, n'offrit rien d'abord que d'honorable à celui qui en était l'objet.

L'administration d'alors fut plus lente dans la justice qu'il n'avait droit d'en attendre. Ce ne fut que quatre ans après, en 1821, que le général Papin, réduit par cette lenteur à un état voisin de l'indigence, fut mis à la division militaire des Hautes-Alpes, d'où il passa en 1822, dans la subdivision d'Agen. C'est là qu'à la suite d'une longue maladie, fruit de ses malheurs, il vient de terminer dans un âge peu avancé son honorable et pénible carrière, entouré des soins de sa famille et de ceux de quelques amis à qui j'envie cette douloureuse satisfaction. Il est mort en guerrier chrétien et français, plein de confiance dans son Dieu et d'amour pour son Roi.

Peu d'hommes ont joint avec plus de mérite que le général Papin, aux mœurs élégantes de l'officier français, la franchise des camps et l'antique simplicité des vertus sociales. Trop souvent abusé par une confiance facile, dont l'entraînement était pour lui un besoin, il a gardé jusqu'aux derniers moments de sa vie toute l'ingénuité des sentiments du premier âge. Toujours vrai, il ne put jamais comprendre la ruse et l'intrigue, ni se résoudre à s'en méfier. Aussi, cet homme qui, du point brillant de départ où nous l'avons vu jeune, aurait pu mourir comblé de richesses et de dignités, ne laisse à inscrire sur sa tombe que ces deux mots : Vertu et pauvreté.

C'est là le seul héritage qu'il laisse à sa femme et à son jeune enfant. Qu'à leur égard pourtant, les amis du brave Papin soient sans inquiétude.

Charles X a connu son dévouement; M. le Dauphin, le Bourbon du 12 mars, a plus d'une fois loué ses services. N'en doutons pas, Messieurs, l'ombre de Papin sera consolée par les bienfaits versés sur sa famille.

Ah ! que par l'effet des bontés royales envers les siens, la terre qui couvre cet homme vertueux lui devienne plus légère; et si les larmes de l'amitié peuvent pénétrer la tombe, qu'il voie dans celles que je verse, l'expression des sentiments de tous ceux qui, comme moi, furent ses amis dans la mauvaise fortune et ses collaborateurs dans ce qu'il fit pour le rétablissement des Bourbons et le bonheur de la France.

LESTRADE, homme de lettres, capitaine organisateur de l'armée royale de la Guienne, sous le général Papin.

Que conclure de ces lignes ?

Que les hommes sont sur la terre pour peu de jours;

Que Dieu accorde ses dons, ses faveurs à diverses familles, quelquefois pour les éprouver davantage;

Que la conquête de la Gaule par les Romains avait pour but de frapper les populations pour les disposer à reconnaître le culte catholique, qui fut prêché par saint Jacques, par saint Marc, par les premiers Évêques et par l'exemple des saints Martyrs;

Que les Pépins étaient une race exceptionnelle chez laquelle les sentiments chrétiens et généreux ont toujours vibré; que ces sentiments, transmis par les liens du sang et de bons exemples, se sont transfusés de la souche jusqu'aux derniers rameaux;

Que nul ne peut redire mieux qu'eux la pieuse devise bretonne : *Potius mori quam fœdari.*

NOTES

I. Le nombre des vaisseaux venètes réunis pour combattre les Romains, près des côtes de Guérande, était de deux cent vingt.

Les bardes qui survécurent au premier combat contre les Romains furent au nombre de onze.

II. On trouve, près du Grand-Gavy, deux endroits appelés le Grand et le Petit-Verdun. Les traditions rapportent à ce sujet, qu'une des légions employées à la conquête avait résidé à Verdun, et que le souvenir conservé de cette ville impériale fit donner ce nom à la résidence qu'un officier y fit construire ; son heureuse position permettait de considérer l'entrée de la Loire et la haute mer.

La villa, bâtie dans une île, entourée de ses chemins et fossés, s'élevait avec des pierres d'un même appareil formant étage. Auprès, était un four à ban et sa marre entourée de vieux arbres parmi lesquels se remarquent des buis. La vue dont on jouit, de cette antique demeure, rappelait sans doute celle dont jouissait le propriétaire dans la citadelle regrettée. Alors qu'il restait encore à l'armée romaine d'aventureux travaux à accomplir, à cette extrémité du monde, pour ainsi dire, il était difficile de ne pas donner un regret à la patrie absente.

III. Stations ou les légions romaines semblent avoir laissé quelques traces :

Ratiate,	aujourd'hui	Rezé.
Blabia,		Blain.
Plebseia,		Plessé.
Castrum seia.		Saint-Clair.
Sévérac,		Sévérac.
Delocus,		Saint-Dolay.
Conditum est,		Condé.
Feret,		Feret.
Herba ignis aqua,		Herbignac.

Castrum vel oppidum Aulercorum, pays voisin de Guérande.

> Saint-Lyphard, pays plaisant, si n'estoient les marais qui l'environnent, ès quels le commun peuple tire les mottes qu'ils mettent dans leur fouyer, à brûler pour leur usage domestique. (D'Argentré.)

Castrum,   aujourd'hui   Chef-Moulin.

Chef indique le général, *Moulin* rappelle la mobilité des signaux tournants, que le chef faisait observer d'un lieu, toujours exonéré d'impôts, appelé l'ancien Sémaphore. Celui-ci, avant la Révolution, était chargé de surveiller les feux de l'entrée de la Loire, par continuation de ce qui s'était fait dans les temps passés.

IV. *Stations romaines conservées après la conquête pour assurer la pacification du territoire.*

1º Carheil, pour assurer la surveillance du port, qui s'étendait depuis Bêlon à Congor, à Grannone et à Clis. — Le château élevé en ce dernier lieu fut rasé par les Normands, qui y capturèrent le roi Pascweten. Ce prince y était encore en 859, lorsque le moine Leuhemel, de Saint-Sauveur de Redon, vint le prier de compléter la donation des salines de Bronaril. D'après M. Desmares, dont nous extrayons ces lignes, un paludier dit avoir trouvé, à Clis, un corridor, bordé de murs en petit appareil romain, large d'environ 1 mètre 30 centimètres, aboutissant à un édifice cylindrique, restes d'anciennes tours.

Près de ce lieu, nous avons remarqué un long mur romain sur lequel se voient encore les traces des éraillures formées par les essieux des chars. On croit que la ville de Corbilon s'étendait jusqu'à Clis, comprenant Bêlon, Carheil, Grannone ou Guérande. On a trouvé sous les sables, en ce point, des ossements auxquels étaient attachées des pierres qui semblaient destinées à les fixer sous les eaux. Une cale d'embarquement était aussi à Clis. On a trouvé, dans un lieu peu éloigné, une carcasse de navire dont chaque côté de la membrure mesurait 3 mètres 30 centimètres.

2º Penchâteau, station romaine.

3º Oppidum Aulercorum, Saint-Lyphard.

4º Conditum est, le Grand-Condé.

5º Herbignac.

6º Feret, chargé de défendre les passages de la rivière de la Vilaine, à son embouchure, au gué de l'Isle et à la Roche-Bernard.

Lesnérac était la résidence du prince-évêque Guérech. De son château, était tracée une route allant directement sur une dune appelée Bréderac'h, qui se traduit par Morne du prince Erec'h.

V. Le chevalier Le Pennec avait sur les rivages de ses propriétés les droits de bris et de naufrage ; aussi, l'abandon qu'il fit des épaves fut une générosité. Cette noble conduite toucha l'émir Almanzor, et fit désirer au prince étranger de saluer la duchesse qui avait l'honneur de commander à des châtelains chrétiens. Mais le Pennec avait été aux croisades ; il était imbu, depuis son enfance, des sentiments d'honneur et de chevalerie, et en aucune circonstance il n'aurait pu y manquer. Le Pennec fit désigner sur ses terres un lieu pour inhumer les cadavres rejetés par la mer, à la suite du naufrage du bâtiment étranger. Ce lieu, respecté jusqu'à ce jour, sert aujourd'hui de garenne.

Avant cette circonstance, la famille Le Pennec portait pour armoiries : d'argent, à la fasce d'azur, chargé de trois besants d'or, accompagné de trois merlettes de sable.

Depuis, la duchesse Constance prescrivit que les premières armoiries seraient changées en l'écusson de gueules, à trois bustes de femmes d'argent, échevelées d'or.

Nous sommes si près du château de l'Auvergnac, que nous ne

voulons nous dispenser de saluer le propriétaire, dont le château a été récemment et très-heureusement restauré.

VI. L'église de Guérande est curieuse et ancienne. La fondation de la collégiale qui y était attachée remonte au roi Salomon III. Les portraits des membres du chapitre ont été plusieurs fois représentés. L'un d'eux est à la date de 1640; mais déjà, le nombre des religieux avait été réduit de douze à huit. Le doyen de l'assemblée, d'ordinaire choisi par le souverain breton, présidait, lors de la réunion des Etats. Il fallait faire preuve de quatre quartiers de noblesse, pour être nommé membre du chapitre de l'église royale et collégiale de Guérande.

Le portrait de messire du Clos Bossart est à la cure de Guérande. Ce chanoine avait eu pour père un brillant général, célèbre dans les guerres de la Fronde. Le révérend chanoine allait souvent célébrer les saints offices au château de Lesnérac. Ses deux nièces, qui résidaient à Guérande, sont devenues, l'une Mme la comtesse de Pellan, dont est issu un officier qui a commandé une division des mobiles de la Loire-Inférieure, en 1870; l'autre était Mme la comtesse de Margadel. Deux officiers généraux de ce nom, aujourd'hui en réserve, habitent Versailles.

Nous trouvons, dans un essai historique sur l'ancienne abbaye de Tonguerloo, province d'Anvers, mentionné parmi les abbés mitrés, crossés, qui gouvernèrent cette maison, Willibord Bosschaerts, mort à quatre-vingts ans. Adonné toute sa vie à l'étude de l'histoire, ce savant a fait paraître plusieurs recueils sur celle de son ordre, parmi lesquels on cite le livre intitulé : *De veteribus Frisiæ apostolis.*

Cet érudit, d'origine française, se considérait comme appartenant à la famille du général Bossart et à celle du révérend chanoine, membre de la collégiale de Guérande.

(Extrait de notes communiquées par M. L. de Pontaumont, membre de Sociétés savantes, etc., à Cherbourg.)

VII. Le cap de Chef-Moulin est élevé de 25 mètres au-dessus du niveau moyen de la mer. C'est de ce point que le général romain considérait la bataille navale dont l'issue devait décider le sort du pays.

De ce lieu, on aperçoit divers îlots qui forment une barrière aux flots, qui viennent adoucis, se briser sur le rivage : ce sont

les rochers des Charpentiers, la Vieille, les Fromentières, Bague-
naud, les Troves et l'Even.

Le général avait fait disposer des arènes pour distraire ses
troupes. Elles prirent le nom de Grand et Petit-Gavy. Ces arènes
étaient peu éloignées de la ravine des Chattes. On dit à ce sujet,
(mais nous sommes loin d'en garantir la sincérité), que les femmes
Samnites de l'île de Saillé, aux époques favorables, cherchaient
sur les côtes, des huîtres, des crabes et des moules; qu'elles en
trouvaient toujours sous le château et les rochers voisins; que
les quêteuses s'arrêtaient parfois à causer avec les légionnaires,
sous les ombreux coteaux de cette ravine.

Beaucoup de Romains, transportés après le combat, souffrirent
assez de ce voyage pour succomber à la suite de ce transport.
Les cercueils passèrent près du village de Crépelet, qui se traduit
par vallée des Ombres, et furent inhumés à Béac, qui se traduit
par réunion des Tombeaux.

VIII. Les autels, pour le rite romain, furent établis au lieu dit
aujourd'hui Saint-Marc. Lorsque le pays fut évangélisé, une chapelle fut élevée par le premier pasteur de la contrée. Dans cette
chapelle, consacrée à l'évangéliste saint Marc, on trouve un
vieux tableau qui représente l'évêque saint Clair donnant son
anneau pastoral à baiser à une femme agenouillée devant lui;
auprès, est représenté le châtelain de la contrée.

Nous avons tracé la route que suivirent les légions romaines
jusqu'à la Roche Bernard; nous nous sommes arrêtés à ce point.
Cependant, en voyant une voie pavée tracée jusqu'à Féret, nous
nous sommes rappelé que ce lieu avait eu une certaine importance sous l'occupation romaine, car il commandait deux passages de la Vilaine.

IX. Le nom de Xhrouët nous remet en mémoire qu'une des vas-
tes cheminées à manteau, du château de la Touche-Saint-Joseph,
sise dans un pavillon construit au XVIᵉ siècle, présente pour
ornement la lettre grecque X, sur laquelle est brochée une croix
ondée, qui semble se courber pour honorer l'écusson élipsoïde
tracé à son centre. Cet écusson se blasonne ainsi : au premier et
troisième sont un nid avec trois oisillons; au deuxième et au
quatrième sont trois molettes d'éperon; les hachures, qui indi-

quent d'ordinaire les émaux, ne sont point tracées. Le châtelain, dont le nom est porté sur l'acte le plus ancien qui se trouve entre nos mains, a le nom de Escuyer du Mûrier de Saint-Remy, seigneur de la Touche, de Casson, de la Bretesche. Les sires de la Bretesche portaient des molettes dans leurs armoiries.

Puisque nous parlons de la Touche-Saint-Joseph, nous pouvons rappeler un feu de joie brûlé sur les terres de la châtellenie pour saluer la naissance du duc de Bordeaux. Tous se livraient alors à la joie et à l'espérance. Hélas ! pourquoi ont-ils été déçus?

Cependant la foi et diverses traditions se conservent dans le pays de Fégréac, avec l'espoir de voir bientôt reparaître une ère glorieuse. Nous supplions la divine Providence de protéger la France, depuis si longtemps considérée comme la fille aînée de l'Église.

Sur la liste des gentilshommes qui accompagnèrent le mareschal de Rieux pour arracher, en 1420, le duc de Bretagne, enfermé à Chantoceau, des mains de Marguerite de Penthièvre, figure un sire de la Touche du nom de Jacquet. Ce nom est celui de la propriété, sans être le nom patronymique. Sur cette liste, se trouve aussi un sire, Jean de Condest, commandant une compagnie de cent onze hommes d'armes, avec trente-deux archers, six arquebusiers et cent onze varlets, à la solde de l'évêque de Nantes.

Eon de Condest, de la même famille, fut nommé en 1402, gouverneur de la tour et de la ville de Redon. Déjà cette ville avait été autorisée par le duc Jean V à battre monnaie ; cette fondation avait été mal accueillie par les bénédictins. L'un d'eux, l'abbé de Pontbrient, avait supplié le duc d'empêcher que les travaux de fabrique ne portassent préjudice à l'abbaye. Le vénérable et discret messire Guillaume Bodart, en 1427, avait obtenu la sortie de tous les monnayeurs et banquiers établis à Redon, à cause du tort qu'ils causaient à l'abbaye.

Les abbés entretenaient de très-bonnes relations avec le capitaine gouverneur, qui contribua à l'établissement en maçonnerie du pont jeté sur la Vilaine. Il autorisa la démolition du mur de ville, afin de donner assez de place pour une nouvelle chapelle que voulut construire l'abbé Yves le Sénéchal, sire de Kercado; des mâchicoulis furent ménagés dans les combles de la chapelle, dite de

Bonne-Nouvelle ; des embrasures furent pratiquées pour que les engins de défense pussent empêcher l'approche des murs. Cette chapelle, présentement, est appelée celle de la congrégation et fait suite à la sacristie.

Le sire de Condé, qui avait souvent eu de bons rapports avec les bénédictins, leur fit hommage d'un tableau représentant la purification des malheureux retenus en purgatoire. Ce tableau, d'un heureux effet, fut d'abord placé dans l'église des révérends bénédictins, puis, lors de la venue des ursulines, sous la direction de Mme Bonne Le Mazoyer, fut donné à ces dames et se trouve encore dans leur chapelle, timbré des armes du donataire. On dit même que cette œuvre avait été exécutée par lui.

La famille de Condest est aujourd'hui appelée de Condé. Charles, son représentant, est mort en 1812, au champ d'honneur, dans les vélites de la garde, lors de la campagne de Russie.

Par les femmes, leur descendance comprend trois familles.

Il est de tradition que diverses branches de Condé sont sorties de la Bretagne : une est allée habiter l'Artois, où elle administrait au temporel les biens de l'évêché d'Arras ;

Une autre, passée dans le Hainaut, avait pour devise : *Loyauté,* et pour cri de guerre : *Vieux Condé ;*

Une dernière, qui habitait Paris, a donné plusieurs officiers à la marine militaire.

NICOLAZO DE BARMON.

Château de la Touche-Saint-Joseph, en Fégréac, 15 juillet 1873.

Nantes. — Imp. Vincent Forest et Émile Grimaud, place du Commerce, 4.

www.ingramcontent.com/pod-product-compliance
Lightning Source LLC
Chambersburg PA
CBHW051322060726
47596CB00004B/1439